BELLUM TROIANUM

FABULAE EPICAE, VOL. I

A LATIN NOVELLA

BY

BRIAN GRONEWOLLER

ILLUSTRATED

BY

ORALYN MURCHISON

SIMPLICIANUS PRESS

SIMPLICIANUS
· PRESS ·

Published by Simplicianus Press
Dacula, GA
www.simplicianuspress.com

© Brian Gronewoller 2021

Library of Congress Control Number: 2021904716

ISBN: 978-1-7367859-0-4 (Paperback Edition)

ISBN: 978-1-7367859-1-1 (Electronic Book Edition)

Cover Art and Illustrations
© Oralyn Murchison 2021

First Edition: 2021

familiae meae carissimae
et
discipulis meis curiosissimis

About the Author

Brian Gronewoller (PhD, Emory University) lives in Dacula, Georgia, with his lovely and talented wife, Morgan, and their three children. He teaches spoken Latin at Hebron Christian Academy in Dacula, Georgia, and historical theology at Candler School of Theology (Emory University).

About the Illustrator

Oralyn Murchison is from Lawrenceville, Georgia, where she lives with her parents, two siblings, and her cat, Tiger. She is currently a senior at Hebron Christian Academy and plans to pursue a degree in physics in college. In addition to drawing, her hobbies consist of reading, writing stories, dancing, and playing on her acoustic guitar.

Preface and Acknowledgments

When I first read Homer's *Iliad* I was captivated. I expected "old" books to be, in a word, dull. What I found, however, was a sprawling cast of humans, gods, and goddesses whose lives were driven by passion, courage, envy, love, greed, honor, and revenge. I was hooked. And when I began to teach Latin to high school students, I found that the story engaged their imaginations and interests as well. It was during these times, exploring together the battle between the Greeks and the Trojans—and, simultaneously, the gods—that this text was born.

In the spirit of the other volumes in this series, this novella is a reimagining of the story of the war between the Greeks and the Trojans for novice and intermediate Latin readers. While it draws upon Homer's *Iliad*, Vergil's *Aeneid*, and other accounts of the war in Greek and Roman literature, therefore, it is not restricted by them. Rather, for the sake of constructing a narrative that can be followed by the novice and intermediate reader, some details have been added or changed.

In constructing this narrative I have been guided by the central principles of this series:

(1) While I have tried to stay within the bounds of good Latinitas, I have often employed word order similar to that of modern English in order to make the meaning more readily apparent to the reader. I have also used a moderate amount of repetition in order to provide readers with multiple exposures to a word or phrase while still advancing the plot.

(2) I have kept most of my sentences short. I have not, however, "sheltered" grammatical elements (i.e., developed them systematically through the book); rather, I have employed whatever verbs, nouns, or turns of phrase are most communicative and vivid at the moment. This book is not, therefore, a "graded reader" in which the grammar becomes more complex as the reader advances.

(3) I have sheltered the vocabulary so that novice and intermediate readers can read the Latin text without constantly turning to the index.

(4) I have provided generous vocabulary help throughout the text, establishing meaning through pictures and footnotes. A full index has also been included. At all times, I have endeavored to err on the side of making the text comprehensible to the novice and intermediate reader.

(5) I have limited the number of characters who appear in the narrative in order to keep novice and intermediate readers from becoming confused by the plethora of characters who appear in ancient literature. Some favorite characters of more seasoned readers, therefore, either do not appear (e.g., Nestor and Apollo) or have roles that have been taken on by other characters (e.g., Deiphobus is played by Paris).

(6) I have simplified and changed certain details of the narrative in order to make it more comprehensible to novice and intermediate readers. Agamemnon, for example, is presented as the king of all of the Greeks without mention of Mycenae in order to avoid complicating the text with an explanation of ancient political alliances.

For those familiar with my academic publications, it should be apparent by now that this novella was written for a different audience. This is a tool for readers who are growing in their comprehension of Latin. Every aspect of this novella has been accommodated to that purpose.

In closing, I would like to thank several people whose participation in this project has greatly improved it. First, I would like to thank Oralyn Murchison. When Oralyn and I initially discussed the possibility of contracting her to provide the illustrations for this novella I was confident in her artistic ability. Indeed, I had seen it firsthand when she was a student in my Latin II course. I did not yet fully realize, however, her great talent for depicting a character's personality. I could not be more pleased with her work. I also learned that Oralyn operates with a high level of professionalism. She responded to emails and met deadlines in a way that I would have expected from someone with decades of experience in graphic design and illustration. As a senior in high school, she has a bright future ahead of her. I am excited to see where providence and her talent will take her.

Second, thank you to my 2019–20 and 2020–21 Latin II students from Hebron Christian Academy (Dacula, GA). Their feedback on the nascent forms of this narrative was invaluable. And their curiosity and delightful senses of humor made the process a joy to undertake with them.

Third, my most heartfelt thanks are offered to my colleague Andrew Olimpi for his encouragement and guidance over the past two and half years, as well as his careful proofreading of the manuscript. Andrew gave me sound advice that encouraged me along this path at many crucial moments when I was despairing of writing a text in another language that readers might find engaging.

Fourth, along with Andrew, several other readers also offered their feedback on this manuscript. Thank you to Maria Giuliana Fenech, Donna Gerard, David Jaffe, Antonella Lo Castro, Sorsha Maness, Aaron Pellowski, Kay Reyes, Jessamyn Rising, Brad Savage, and Mike Saridakis. They are responsible for several improvements with regard to words, phrases, and structure. Any errors that you may encounter are, of course, my own.

Finally, thank you to Morgan, Peyton, Parker, and Taylor for the time that you have given me for writing as well as the joy that you bring when we are all together. You are my four favorite people in the entire world. I love you.

Atlanta
March 2021

ABOUT THE SERIES

Comprehensible Classics is a series of Latin novels for beginning and intermediate learners of Latin. The books are especially designed for use in a Latin classroom which focuses on communication and Comprehensible Input (rather than traditional grammar-based instruction). However, they certainly are useful in any Latin classroom, and could even provide independent learners of Latin interesting and highly readable material for self-study.

LEVEL A: Beginner
Ego, Polyphemus
Lars Romam Odit
Mercurius Infans Mirabilis (forthcoming)

LEVEL B: Advanced Beginner
The *Familia Mala* Trilogy:
>> Vol. I: *Familia Mala: Iuppiter et Saturnus*
>> Vol. II: *Familia Mala: Duo Fratres*
>> Vol. III: *Familia Mala: Pandora*
Labyrinthus

LEVEL C: Low Intermediate
Bellum Troianum (Fabulae Epicae, Vol. I)
Idus Martias (forthcoming)
The *Io Puella Fortis* Series
>> Vol. I: *Io et Tabellae Magicae*
>> Vol. II: *Io et Monstrum Horrificum*
Via Periculosa

LEVEL D: High Intermediate
Eques Viridis Series
>> Vol. I: *Eques Viridis: Tres Chartulae*
>> Vol. II: *Eques Viridis: Castellum Malum* (forthcoming)
Filia Regis et Monstrum Horribile
Puer Ex Seripho Series:
>> Vol. I: *Perseus et Rex Malus*
>> Vol II: *Perseus et Medusa*
Vox in Tenebris

LEVEL E: Advanced (Tiered Readers)
Daedalus et Icarus
The Mysterious Traveler: A Medieval Play about St. Nicholas
Reckless Love: The Story of Pyramus and Thisbe

CAPITULUM I

pulcherrimae¹

convīvium² erat. convīvium in Monte Olympō erat. Iuppiter multōs deōs **atque³** deās ad convīvium invītāvit.

subitō, **mālum⁴** in mediō convīviō appāruit.

omnēs deī atque deae ad mālum aspiciēbant. verbum "pulcherrimae" in mālō scrīptum erat.

subitō Iūnō, uxor **Iovis⁵**, dīxit, "ego pulcherrima dea sum. **aliquis⁶** mālum mihi **mīsit⁷**."

---

¹ pulcherrimae: *to the most beautiful*
² convīvium: *party*
³ atque: *et*
⁴ mālum: *apple*
⁵ Iovis: *of Jupiter (other words that begin with Iov- [e.g., Iovi, Iovem] also signify "Jupiter").*
⁶ aliquis: *someone*
⁷ mīsit: *s/he sent; shot; threw*

"minimē!" dea Minerva clāmāvit. "tū pulcherrima dea nōn es. ego pulcherrima dea sum. aliquis mālum mihi mīsit."

"hahahae!" dea Venus **dērīsit**[8] Iūnōnem atque Minervam. "vōs pulcherrimae deae nōn estis. ego dea **pulchritūdinis**[9] sum.

---

[8] dērīsit: *s/he laughed at*
[9] pulchritūdinis: *of beauty*

manifēstum est . . . ego pulcherrima sum. aliquis mālum mihi mīsit."

trēs deae **coepērunt**[10] clāmāre atque pūgnāre.

deinde Iūnō clāmāvit, "Iuppiter!"

Iuppiter ānxius erat.

Iūnō: "Iuppiter!"

Iuppiter nōn respondit.

Iūnō: "IUP–PI–TER!!!"

Iuppiter: "ah . . . quid?"

Iūnō mālum habēbat. Iuppiter **nōlēbat**[11] mālum. Iūnō, autem, dēdit mālum Iovī.

Iūnō: "**marīte mī cārissime**[12], quis pulcherrima dea est? **nōnne**[13] ego pulcherrima dea sum?"

Minerva atque Venus: "hahahae! Iuppiter, **dīc vēritātem**[14]!"

---

[10] coepērunt: *they began*
[11] nōlēbat: *s/he didn't want*
[12] marīte mī cārissime: *my dearly beloved husband*
[13] nōnne: *nōn (expects the person to agree)*
[14] dīc vēritātem: *speak the truth!*

omnēs deī atque deae in Monte Olympō ad Iovem aspiciēbant.

Iuppiter: "deae . . . uh . . . deae . . . vōs omnēs pulchrae estis."

Iūnō: "certē, certē, certē . . . sed quis pulcherrima est?"

Iuppiter nōluit **iūdicāre rem**[15]. Iuppiter nōluit iūdicāre rem quia, sī rem iūdicāret, duae deae **ōdissent**[16] eum. Iuppiter ānxius erat. Iuppiter ad aliōs deōs et deās ānxiē aspexit.

subitō, Iuppiter **cōnsilium cēpit**[17]. Iuppiter ad iānuam aspexit.

deinde Iuppiter clāmāvit, "ēheu! ad iānuam . . . mōnstrum est!"

omnēs deī atque deae ad iānuam aspexērunt.

Iuppiter rapidē iēcit mālum ad **orbem terrārum**[18]. (mālum dē Monte Olympō cecidit. mālum ad orbem terrārum cecidit.

---

[15] iūdicāre rem: *to judge the matter*
[16] ōdissent: *they would have hated*
[17] cōnsilium cēpit: *s/he captured a plan (i.e., had an idea)*
[18] orbem terrārum: *earth*

longō post tempore[19], mālum in orbem terrārum cecidit. in Montem Īdam cecidit.)

omnēs deī atque deae ad iānuam aspexērunt. sed nēmō mōnstrum vīdit.

---

[19] longō post tempore: *after a long time*

Iūnō: "mōnstrum? ego mōnstrum nōn videō."

Iuppiter: "**ignōscite mihi**[20]. cōnfūsus eram."

nunc omnēs deī atque deae ad Iovem aspexērunt.

Iuppiter: "ah . . . ēheu! mālum dē Monte Olympō cecidit! ecce! mālum in Monte Īdā est!"

statim Iūnō, Minerva, atque Venus clāmāvērunt: "ēheu! mālum meum!"

deinde trēs deae ad Montem Īdam rapidē īvērunt **ut**[21] mālum invenīrent.

---

[20] ignōscite mihi: *I'm sorry*
[21] ut: *in order to*

CAPITULUM II

Paris

ecce Paris.

Paris in Monte Īdā erat. Mōns Īda in Graeciā nōn erat. Mōns Īda **prope**[1] Trōiam erat. Trōia in Asiā erat. Paris fīlius rēgis Trōiānōrum erat. in Monte Īdā Paris erat.

---

[1] prope: *near*

subitō mālum dē caelō cecidit. mālum Paridem pulsāvit.

Paris: "ēheu! quid est?"

Paris mālum vīdit.

Paris: "quid? quōmodo mālum dē caelō cecidit?"

Paris **sūmpsit**[2] mālum. in mālō "pulcherrimae" scrīptum est.

---

[2] sūmpsit: *s/he picked up*

Paris: "fortasse mālum magicum est. ego mālum **feram**[3] Trōiam ut mālum meō patrī **ostendam**[4]."

Paris coepit mālum **ferre**[5] Trōiam.

subitō trēs deae — Iūnō, Minerva, atque Venus — appāruērunt Paridī.

Iūnō: "salvē, Paris. **dā mihi**[6] mālum."

Minerva: "minimē, Paris. dā mihi mālum."

Venus: "Paris, quod verbum in mālō scrīptum est?"

Paris: "ah . . . pulcherrimae."

Venus: "bene dictum. iūdicā rem! quis pulcherrima dea est?"

Paris aspexit ad Iūnōnem. Paris ad Minervam aspexit. ad **Venerem**[7] aspexit. sed Paris nōn potuit iūdicāre rem. difficile erat iūdicāre rem quia omnēs trēs deae pulchrae erant.

---

[3] feram: *I will carry*
[4] ostendam: *I will show (to)*
[5] ferre: *to carry*
[6] dā mihi: *give to me*
[7] Venerem: *Venus*

vidēns Paridem cōnfūsum, Iūnō dīxit, "Paris, sī tū mālum mihi **dabis**[8], ego tibi **rēgna**[9] Eurōpae et Asiae **dabō**[10]."

Paris: "eugē! pulcherrima dea est Iūn-"

---

[8] dabis: *you will give*
[9] rēgna: *the kingdoms*
[10] dabō: *I will give*

Minerva: "**exspectā!**[11] Paris, sī tū mālum mihi dabis, ego tibi **sapientiam**[12] atque **artēs bellī**[13] dabō."

Paris: "grātiās, Minerva! pulcherrima dea est Miner-"

---

[11] exspectā: *wait!*
[12] sapientiam: *wisdom*
[13] artēs bellī: *the arts of war (i.e., the skills for successfully waging war)*

Venus: "exspectā, Paris! sī tū mālum mihi dabis, ego pulcherrimam fēminam in tōtō orbe terrārum tibi dabō."

Paris: "pulcherrimam fēminam in tōtō orbe terrārum?"

Venus: "certē."

Paris: "Venus! Venus! Venus pulcherrima dea est!"

Paris mālum dēdit Venerī. Iūnō et Minerva īrātae erant. Venus, autem, multum gaudēbat.

Paris: "Venus, quis pulcherrima fēmina in tōtō orbe terrārum est?"

Venus: "pulcherrima fēmina in tōtō orbe terrārum **Spartae**[14] est."

---

[14] Spartae: *in the city of Sparta*

CAPITULUM III

Helena

magnum convīvium erat! Paris in magnō convīviō erat. convīvium Spartae erat. Sparta in Graeciā erat.

ecce
Graecia!

ecce
Sparta!

Menelāus, rēx Spartae, in convīviō erat. Helena, rēgīna Spartae, in convīviō quoque erat. ecce Helena, pulcherrima fēmina in tōtō orbe terrārum!

vidēns Helenam, Paris amōre captus est. sed difficile erat amāre Helenam quia Helena **marītum**[1] habēbat.

Helena ā convīviō īvit. Paris ā convīviō quoque īvit.

Paris: "salvē, Helena rēgīna."

Helena: "salvē. quid nōmen tibi est?"

---

[1] marītum: *husband*

Paris: "nōmen mihi Paris est. pater meus rēx Trōiae est. ō Helena ... pulcherrima Helena ... ego ... ego ... tē amō."

Helena cōnfūsa erat. silentium erat. longum silentium erat.

Helena dērīsit Paridem: "amāsne mē? hahahae! esne cōnfūsus? esne īnsānus? hahahae!"

subitō, autem, Cupīdō appāruit. Cupīdō fīlius deae Veneris est. Cupīdō deus amōris est. Cupīdō **nictāvit²** Paridī. deinde Cupīdō **sagittam³** mīsit in Helenam. subitō Helena amōre capta est.

---

² nictāvit: *s/he winked (at)*
³ sagittam: *arrow*

Helena: "Paris . . . ō Paris. ego tē amō! dā mihi **ōscula[4]**!"

statim Paris ōscula Helenae dabat. diū Paris ōscula Helenae dabat. diū Helena ōscula Paridī dabat. **occultē[5]**, Paris ōscula Helenae dabat. **multōs diēs[6]**, Paris ōscula Helenae dabat. multōs diēs, occultē, Helena ōscula Paridī dabat.

Paris et Helena ā Spartā fugiēbant. Helena cum Paride īvit Trōiam. Helena atque Paris in **nāve[7]** īvērunt Trōiam.

---

[4] ōscula: *kisses*
[5] occultē: *secretly*
[6] multōs diēs: *for many days*
[7] nave: *ship*

in nāve, Helena dīxit, "tē amō, Paris!"

in nāve, Paris dīxit, "tē amō, Helena!"

Spartae, Menelāus rogāvit, "ubi est mea uxor? ubi Helena est?"

nēmō respondit. silentium erat. longum silentium erat.

Spartae, Menelāus clāmāvit, "UBI EST HELENA? UBI MEA UXOR EST?"

vir Spartānus: "in nāve, cum Paride."

Menelāus: "quid? QUID!?!?!"

Menelāus īrātus erat. Menelāus īrātissimus erat.

CAPITULUM IV

Agamemnon

ecce Agamemnon! Agamemnon et Menelāus frātrēs erant. Agamemnon rēx Graecōrum erat. Menelāus rēx Spartae erat. sed Agamemnon rēx omnium Graecōrum erat. Agamemnon ergō **māior quam**[1] Menelāus erat.

Menelāus: "frāter! Paris **abstulit**[2] Helenam ā mē! Paris abstulit meam uxōrem!"

Agamemnon: "ēheu! Paris malus vir est!"

Menelāus: "certē, frāter! Paris malus est. omnēs Trōiānī malī sunt! volō interficere

---

[1] māior quam: *greater than*
[2] abstulit: *s/he stole*

Paridem! volō interficere omnēs Trōiānōs! ego volō **dēlēre**[3] Trōiam! **amābō tē**[4], frāter et rēx Graecōrum, dēlē Trōiam!"

Agamemnon **dē rē cōgitāvit**[5]. Agamemnon diū dē rē cōgitāvit.

dum[6] *Agamemnon dē rē cōgitabat, Iūnō et Minerva movēbant* **animum**[7] *Agamemnonis. Iūnō et Minerva ōderant Paridem. et Paris filius rēgis Trōiae erat. ergō Iūnō et Minervā movēbant*

---

[3] dēlēre: *to destroy*
[4] amābō tē: *please*
[5] dē rē cōgitāvit: *s/he thought about the matter*
[6] dum: *while*
[7] animum: *soul*

*animum Agamemnonis ut **gereret bellum**[8] contrā Trōiānōs.*

subitō Agamemnon volēbat gerere bellum contrā Trōiānōs.

Agamemnon: "certē, frāter. gerāmus bellum contrā Trōiānōs."

deinde Agamemnon, rēx Graecōrum, **parāvit**[9] mittere **mīlle**[10] nāvēs Trōiam. ita bellum Trōiānum coeptum est.

---

[8] gereret bellum: *s/he would wage war*
[9] parāvit: *s/he prepared*
[10] mīlle: *1000*

CAPITULUM V

sacrificium Agamemnonis

antequam Agamemnon nāvigāvit Trōiam, voluerat comedere cibum. ergō in parvam silvam īvit ut interficeret cervum **cibī causā**[1]. in parvā silvā, Agamemnon magnum cervum vīdit. vidēns magnum cervum, Agamemnon interfēcit cervum cibī causā.

Agamemnon multum **gāvīsus est**[2]. sed Diāna nōn gāvīsa est.

---

[1] cibī causā: *for the purpose of food*
[2] gāvīsus est: *s/he rejoiced; s/he was happy*

ecce Diāna!

    Diāna erat dea. Diāna erat dea **vēnātōrum**[3] . . . et dea Diāna īrāta erat. Diāna īrāta erat quia Agamemnon cervum in parvā silvā interfēcerat. sed Diāna dīxit nihil Agamemnonī.

---

[3] vēnātōrum: *of hunters*

postrīdiē[4] Agamemnon atque multī Graecī in nāvēs īvērunt ut **nāvigārent**[5] Trōiam.

mox Agamemnon clāmāvit, "Trōiam!"

sed ēheu! **nūllus ventus flāvit**[6]. multōs diēs nūllus ventus flābat. prīmō diē Agamemnon īrātus erat. alterō diē Agamemnon īrātior erat. tertiō diē Agamemnon īrātissimus erat.

Agamemnon clāmāvit, "**quō**[7] ventus fūgit?"

subitō dea Diāna appāruit. omnēs Graecī timēbant nē Diāna interficeret omnēs.

Diāna īrāta clāmāvit, "Agamemnon! cervus in meā silvā interfectus est. tū interfēcistī cervum! ergō nūllus ventus flābit **nisi**[8] tū sacrificium mihi faciēs!"

Agamemnon: "certē, dea. quid tū vīs mē sacrificāre?"

Diāna: "ego volō tē sacrificāre fīliam tuam."

---

[4] postrīdiē: *the next day*
[5] nāvigārent: *they might sail*
[6] nūllus ventus flāvit: *no wind blew*
[7] quō: *(to) where . . . ?*
[8] nisi: *unless*

Graecī clāmāvērunt, "ēheu!"

Agamemnon, autem, dē verbīs deae Diānae cōgitāvit. Agamemnon diū dē rē cōgitāvit. deinde Agamemnon fīliam suam **vocāvit**[9].

fīlia: "salvē, pater! tū mē vocāvistī?"

Agamemnon: "salvē, fīlia. cōnsīde super **āram**[10] . . . "

---

[9] vocāvit: *s/he called*
[10] āram: *altar*

. . . postrīdiē ventus flāvit. Agamemnon multīs cum Graecīs nāvigāvit Trōiam.

CAPITULUM VI

fēmina Achillis

novem annōs Agamemnon et Graecī contrā Trōiānōs pūgnābant. **cotīdiē**[1] Trōiānī ā **mūrīs**[2] Trōiae **dēscendēbant**[3]. cotīdiē Graecī ā nāvibus dēscendēbant. cotīdiē, inter mūrōs et nāvēs, Trōiānī contrā Graecōs pūgnābant. cotīdiē Iūnō et Minerva adiuvābant Graecōs. cotīdiē Venus Trōiānōs adiuvābat. et cotīdiē Venus adiuvābat Paridem.

Hector, frāter Paridis, fortissimus Trōiānōrum erat.

ecce, Hector!

---

[1] cotīdiē: *daily; every day*
[2] mūrīs: *walls*
[3] dēscendēbant: *they descended*

fortissimus Graecōrum Achillēs erat.

ecce Achillēs!

pater Hectoris
vir erat . . .

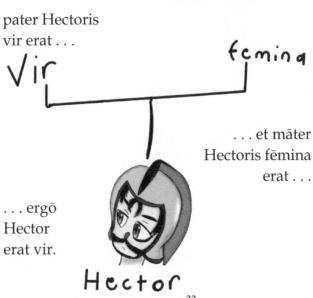

Vir

fēmina

. . . et māter
Hectoris fēmina
erat . . .

. . . ergō
Hector
erat vir.

Hector

32

pater Achillis vir
quoque erat . . .

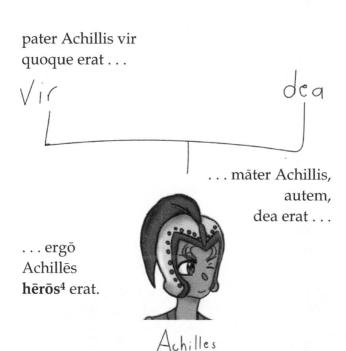

Vir

dea

. . . māter Achillis,
autem,
dea erat . . .

. . . ergō
Achillēs
hērōs[4] erat.

Achilles

Achillēs hērōs amābat fēminam.
nōmen fēminae Brīsēis erat. Achillēs
pulchram Brīsēida multum amābat. et Brīsēis
amābat Achillem.

annō decimō bellī[5], autem,
Agamemnon abstulit pulchram Brīsēida ab
Achille. Achillēs īrātus erat.

---

[4] hērōs: *a demigod*
[5] annō decimō bellī: *in the tenth year of war*

Agamemnon: "rēx sum. ego Brīsēida volēbam. nunc ego Brīsēida habeō."

Achillēs: "malus rēx tū es. **redde**[6] Brīsēida mihi."

Agamemnon: "hahahae! minimē. tū rēx nōn es. ego rēx sum."

---

[6] redde: *return*

Achillēs: "sī tū nōn reddēs Brīsēida, ego contrā Trōiānōs nōn pūgnābō. redde Brīsēida mihi iam! redde Brīsēida mihi iamiam!"

Agamemnon: "minimē, Achillēs. Brīsēis mea est."

Achillēs ad nāvem **suam**[7] īvit. in nāve, Achillēs īrātus erat.

in Monte Olympō, māter Achillis quoque īrāta erat.

ecce, māter Achillis!

māter Achillis dea erat. māter Achillis īvit ad Iovem.

---

[7] suam: *his (own)*

māter Achillis: "Iuppiter, rēx deōrum! Agamemnon abstulit Brīsēida ab Achille! Agamemnon Brīsēida ā meō filiō Achille abstulit! amābō tē, pūnī Agamemnonem!"

*Iuppiter: "quid? Agamemnon malus rēx est! certē. ego **pūniam**[8] Agamemnonem."*

deinde Iuppiter adiūvit Trōiānōs.

---

[8] pūniam: *I will punish*

statim Trōiānī coepērunt interficere multōs Graecōs.

CAPITULUM VII

Pātrōclus

Agamemnon et Graecī, sine Achille, pūgnābant contrā Trōiānōs et Hectorem.

subitō Trōiānī rogāvērunt Hectorem, "Hector, ubi est Achillēs? nōs nōn vidēmus Achillem."

Hector aspexit ad omnēs Graecōs. sed Hector Achillem, fortissimum Graecōrum, nōn vīdit.

Hector rīdēbat, "hahahae! Achillēs cum Graecīs nōn est! Achillēs abest!"

deinde Hector clāmāvit, "Trōiānī! Achillēs cum Graecīs nōn est! pūgnātē! pūgnātē fortiter contrā Graecōs!!!"

Hector cucurrit ut multōs Graecōs interficeret. Hector multōs Graecōs interfēcit. nōn difficile erat. Hector **vehementer**[1] interfēcit parvōs Graecōs. Hector magnōs Graecōs quoque vehementer interfēcit.

vidēns Hectorem, **quīdam**[2] Graecus clāmāvit, "amābō tē! nōlī interficere mē! nōlī interfic...!"

sed Hector quoque interfēcit eum.

Agamemnon, rēx Graecōrum, aspexit ad Hectorem et Trōiānōs interficientēs multōs Graecōs. Agamemnon multum timuit.

subitō Agamemnon vocāvit Graecōs, "fugite! ad nāvēs! Graecī, fugite rapidē ad nāvēs!!!"

Hector iterum rīdēbat, "hahahae! Trōiānī! **sequiminī**[3] Graecōs! sequiminī Graecōs mēcum!"

---

[1] **vehementer**: *violently*
[2] quīdam: *a certain*
[3] sequiminī: *follow!*

statim Hector **secūtus est**[4] Graecōs ad nāvēs. prope nāvēs Agamemnon **flēbat**[5].

Agamemnon vocāvit Graecōs, "fugite, Graecī! fugite in nāvēs!"

---

[4] secūtus est: *s/he followed*
[5] flēbat: *s/he was weeping*

multī Graecī in nāvēs fugiēbant.

Agamemnon clāmāvit, "ad Graeciam! nāvigāte rapidē ad Graeciam!"

subitō, autem, Hector **nōn iam**[6] secūtus est Graecōs.

Hector vocāvit Trōiānōs, "**dēsinite**[7]! dēsinite et vidēte virum magnum!"

Trōiānī vīdērunt virum magnum. Graecī vīdērunt virum magnum. omnēs vīdērunt virum magnum ex nāve dēscendentem.

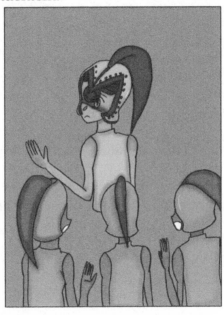

---

[6] nōn iam: *no longer*
[7] dēsinite: *stop!*

Trōiānī clāmāvērunt, "**galea**[8] Achillis est! est Achillēs! ēheu!"

Graecī quoque clāmāvērunt, "iō Achillēs! iō Achillēs!"

Achillēs clāmāvit, "Graecī! hodiē nōs interficiēmus multōs Trōiānōs! hodiē nōs vincēmus Trōiam!!!"

statim Achillēs coepit interficere multōs Trōiānōs. Graecī quoque coepērunt interficere multōs Trōiānōs.

Trōiānī clāmāvērunt, "ēheu! vir nōn est! hērōs est! hērōs est! quis potest interficere hērōa?"

mox Achillēs clāmāvit, "Hector! ubi tū es, Hector? ego tē interficiam!"

Hector: "Achillēs! pūgnā contrā mē!"

Achillēs: "hahahae! ego **nōn sōlum**[9] pūgnābō contrā tē, sed **etiam**[10] interficiam tē!"

---

[8] galea: *helmet*
[9] nōn sōlum: *not only*
[10] etiam: *also*

Achillēs **hastam**[11] mīsit ut interficeret Hectorem. sed hasta Achillis nōn pulsāvit corpus Hectoris. hasta Achillis pulsāvit **scūtum**[12] Hectoris.

deinde Hector **hastā**[13] pulsāvit Achillem.

Hector clāmāvit, "aaaaaaaaaaahhhh!"

sed Achillēs nōn poterat clāmāre. Achillēs nōn poterat clāmāre quia hasta Hectoris in corpore Achillis erat. Achillēs, mortuus, ad terram cecidit.

Hector iterum clāmāvit, "aaaaaaaaaahhhh! ego multōs virōs interfēceram! nunc ego quoque hērōa interfēcī!"

Hector ad corpus Achillis īvit. omnēs Trōiānī atque Graecī vīdērunt Hectorem. Hector remōvit galeam Achillis . . .

. . . sed Achillēs nōn erat.

---

[11] hastam: *spear*
[12] scūtum: *shield*
[13] hastā: *with a spear*

mortuus vir erat Pātrōclus, amīcus Achillis. Hector cōnfūsus erat.

Hector dīxit, "Pātrōclus est. Achillēs nōn est. ubi est Achillēs? ubi est?"

nēmō respondit.

CAPITULUM VIII

somnium[1] Achillis

in nāve, Achillēs dormiēbat.

in somniō, Achillēs puer cum mātre erat. māter Achillis flēbat.

Achillēs puer: "māter, cūr tū flēs?"

māter: "mī fīlī, ego dea sum. ergō immortālis sum. sed pater tuus vir est. pater tuus ergō mortālis est. quia pater tuus mortālis est, tū quoque mortālis es."

*subitō māter Achillis cōnsilium cēpit. statim dea **dūxit**[2] puerum Achillem ad **īnfernum**[3]. in īnfernō, Achillēs **in rīpā flūminis**[4] erat. māter cum Achille in rīpā flūminis erat. nōmen flūminī Styx erat.*

māter: "Achillēs, mī fīlī, aqua flūminis Stygis magica est. ecce!"

---

[1] somnium: *dream*
[2] dūxit: *s/he led*
[3] īnfernum: *the underworld*
[4] in rīpā flūminis: *on the bank of the river*

subitō, tenēns **calcem**[5] Achillis, *māter* **mersit**[6] Achillem in aquam flūminis. aqua tōtum corpus Achillis **tetigit**[7] . . . **praeter**[8] calcem.

---

[5] calcem: *heel*
[6] mersit: *s/he dipped*
[7] tetigit: *it touched*
[8] praeter: *except*

deinde māter sūmpsit Achillem ex aquā. Achillēs ad mātrem aspexit.

māter: "nunc nēmō potest interficere tē. aqua flūminis Stygis magica est. aqua magica est scūtum."

māter gāvīsa est. Achillēs quoque gāvīsus est. aqua magica in tōtō corpore puerī erat . . . praeter calcem.

subitō, in nāve, Achillēs magnum sonum audīvit.

vir: "Achillēs! Achillēs!"

Achillēs: "quid āctum est?"

vir: "ecce Pātrōclus."

deinde Achillēs corpus Pātrōclī mortuī vīdit.

Achillēs: "Pātrōcle! mī amīce! quis tē interfēcit?"

vir: "Hector. Hector Pātrōclum interfēcit."

Achillēs: "**vae mihi!**[9] amīcus meus interfectus est!"

diū Achillēs flēbat. ūnā hōrā post, Agamemnon in nāvem īvit.

---

[9] vae mihi: *woe to me!*

Agamemnon dīxit Achillī, "Achillēs, ego volō tē pūgnāre contrā Troiānōs. ego Brīsēida tibi reddō."

Brīsēis ad Achillem īvit. Achillēs ad

Agamemnonem aspexit. Agamemnon exspectābat respōnsum Achillis. sed Achillēs nihil dīxit. tandem Agamemnon ex nāve Achillis exīvit. Achillēs ōscula Brīsēidī dēdit.

Brīsēis: "Achillēs, **quid tibi est**[10]?"

diū Achillēs nihil dīxit. tandem Achillēs respondit, "Hector Pātrōclum interfēcit."

Brīsēis: "ēheu! Pātrōclus!"

Achillēs: "ego Hectorem interficiam. valē, fēmina mea."

Achillēs ex nāve rapidē cucurrit.

---

[10] quid tibi est: *what's wrong?*

CAPITULUM IX

īra¹ Achillis

īra Achillis erat magna. Achillēs invēnit Hectorem sōlum prope mūrōs Trōiae.

Achillēs vocāvit Hectorem: "Hector! Pātrōclus meus amīcus fuit! pūgnā contrā mē!"

Hector **sibi²** dīxit, "vir sum. sed Achillēs hērōs est."

Hector **timōre³** captus est. timōre captus, Hector ab Achille fūgit. **ter⁴** Hector ab Achille circum mūrōs Trōiae cucurrit. et ter Achillēs secūtus est Hectorem. deinde Hector vīdit Paridem extrā mūrōs.

---

¹ īra: *anger*
² sibi: *to himself*
³ timōre: *by fear*
⁴ ter: *three times*

Paris: "salvē, frāter! cūr tū fugis ab Achille? ego contrā Achillem tēcum pūgnābō."

verba Paridis **animum Hectoris addidērunt**[5]. ergō Hector **sē vertit**[6] ut vidēret Achillem.

---

[5] animum Hectoris addidērunt: *increased Hector's soul (i.e., encouraged Hector)*
[6] sē vertit: *he turned himself around*

Hector: "Achillēs! ego contrā tē pūgnābō. sed prīmum **foedus**[7] inter nōs faciāmus. sī ego tē interficiam, ego corpus tuum **Graecīs**[8] reddam. sī tū mē interficiās, tū corpus meum ad **Trōiānīs**[9] et patrī meō reddās."

īra Achillis, autem, magna erat.

Achillēs: "hahahae! Hector, stultus es! **nūlla foedera**[10] inter **leōnēs**[11] et hominēs sunt! **lupī**[12] foedera cum **agnīs**[13] nōn faciunt. lupī ōdērunt agnōs **sīcut**[14] ego ōdī tē!"

subitō Achillēs hastam ad Hectorem mīsit. sed Hector sē mōvit. hasta Achillis terram pulsāvit.

Paris: "nunc, frāter! mitte hastam tuam!"

Hector: "certē, frāter!"

---

[7] foedus: *pact*
[8] Graecīs: *to the Greeks*
[9] Trōiānīs: *to the Trojans*
[10] nūlla foedera: *no pacts*
[11] leōnēs: *lions*
[12] lupī: *wolves*
[13] agnīs: *lambs*
[14] sīcut: *just as*

Hector hastam suam mīsit. hasta Hectoris **rēctē**[15] volāvit. hasta Hectoris scūtum Achillis pulsāvit.

deinde Hector dīxit Paridī, "frāter! dā mihi hastam tuam!"

sed Paris nihil respondit. silentium erat. longum silentium erat.

Hector: "Paris? frāter?"

subitō, Paris **sē mūtāvit**[16] in . . . deam Minervam.

---

[15] rēctē: *in a straight line*
[16] sē mūtāvit: *s/he changed himself/herself*

īra Minervae magna erat.

Minerva: "hahahae! stultus es, Hector! Paris est Trōiae. tū sōlus extrā Trōiam es."

statim Minerva volāvit ad Achillem. deinde Minerva dēdit hastam suam Achillī. Achillēs et Minerva dērīdēbant Hectorem. īra Achillis et īra Minervae magnae erant. deinde

Achillēs, ferēns hastam Minervae, ad Hectorem currēbat.

Hector, autem, hastam nōn iam habēbat. Hector gladium **tantum**[17] habēbat. Hector, sōlus extrā mūrōs Trōiae, gladium sūmpsit. deinde Hector ad Achillem currēbat.

Hector contrā Achillem fortiter pūgnāvit. īra Achillis, autem, fortior quam gladius Hectoris erat. mox Achillēs Hectorem hastā interfēcit.

deinde Achillēs hastam Minervae reddidit.

Achillēs: "grātiās, dea Minerva."

Minerva: "libenter, Achillēs."

Achillēs ad **currum**[18] suum īvit. deinde Achillēs, in currū, corpus mortuī Hectoris **trāxit**[19]. circum mūrōs Trōiae trāxit corpus mortuī Hectoris.

māter Hectoris, vidēns corpus, clāmāvit, "**dī immortālēs**[20]!"

sed Priamus, pater Hectoris, nihil dīxit.

---

[17] tantum: *only*
[18] currum: *chariot*
[19] trāxit: *s/he dragged*
[20] dī immortālēs: *immortal gods!*

Achillēs corpus Hectoris nōn reddidit Trōiānīs. Achillēs corpus Hectoris ad nāvēs trāxit ut daret corpus **canibus**[21] cibī causā.

īra Achillis magna erat.

---

[21] canibus: *to the dogs*

CAPITULUM X

calx Achillis

postrīdiē omnēs Graecī inter nāvēs et mūrōs Trōiae pūgnābant contrā Trōiānōs. sine Hectore, multī Trōiānī ab Achille et Graecīs interfectī sunt.

Achillēs multōs Trōiānōs vehementer interfēcit. Achillēs vehementer interfēcit parvōs Trōiānōs. magnōs Trōiānōs quoque vehementer interfēcit.

Trōiānī timōre captī sunt. ergō Trōiānī post mūrōs Trōiae rapidē fūgērunt. deinde multī Trōiānī in mūrīs **stābant**[1] ut vidērent Graecōs.

Achillēs, vidēns Trōiānōs stantēs in mūrīs, ad **portās**[2] Trōiae īvit.

---

[1] stābant: *they were standing*
[2] portās: *gates*

Achillēs clāmāvit, "Hector mortuus est! quis potest interficere mē? nēmō! nēmō potest mē interficere! et nunc ego interficiam vōs!"

statim Achillēs portās Trōiae pulsāvit.

Paris, audiēns verba Achillis, īrā captus est. multī **sagittāriī**[3] in mūrīs cum Paride stābant. Paris iussit sagittāriōs mittere

sagittās ad Achillem. multae sagittae pulsāvērunt Achillem . . . sed corpus Achillis nōn **fīxum est**[4].

---

[3] sagittāriī: *archers*
[4] fīxum est: *was pierced*

Achillēs dērīsit Trōiānōs, "hahahae! nūlla sagitta potest interficere mē! māter mea mersit mē in flūmen Stygem!"

deinde Achillēs iterum portās Trōiae pulsāvit. Paris iterum iussit sagittāriōs mittere sagittās ad Achillem. sed iterum corpus Achillis sagittīs nōn fīxum est.

Achillēs iterum dērīsit Trōiānōs: "hahahae! stultī estis, Trōiānī! nēmō potest interficere mē! sed ego possum interficere vōs. ego interficiam vōs, uxōrēs vestrās, et īnfantēs vestrōs. et **hāc nocte**[5], canēs comedent mortua corpora vestra!"

Achillēs iterum pulsāvit portās Trōiae. portae Trōiae coepērunt frāngī.

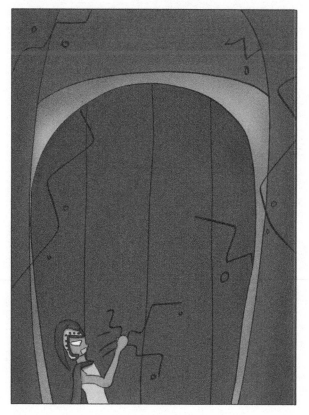

---

[5] hāc nocte: *on this night*

Paris iterum iussit sagittāriōs mittere sagittās ad Achillem. Paris quoque mīsit ūnam sagittam. nūllae sagittae fīxērunt corpus Achillis . . .

*(dea Venus **dīrēxit**[6] sagittam Paridis.)*

. . . praeter sagittam Paridis.

---

[6] dīrēxit: *s/he guided*

Achillēs: "aaaaaaahhhh!!!! quid? aaaaaaaaahhhh!!!! quid **āctum est**[7]? quōmodo sagitta fīxit calcem meam?"

Achillēs, **vulnerātus**[8], coepit fugere ā portīs Trōiae. subitō, autem, Achillēs ad terram cecidit. in sagittā erat **venēnum**[9].

Achillēs coepit clāmāre, "Paris! **ignāve**[10]! ego tē interfic . . . "

sed venēnum Achillem interfēcit. Achillēs mortuus erat. omnēs ad Achillem mortuum diū aspexērunt.

deinde Trōiānī gāvīsī sunt. sed Graecī timōre captī sunt.

ūnus Graecōrum clāmāvit, "ēheu! quōmodo nōs possumus **vincere**[11] Trōiānōs sine Achille? vae! vae nōbīs!"

statim omnēs Graecī, currentēs ad nāvēs, fūgērunt ā mūrīs Trōiae.

---

[7] āctum est: *happened*
[8] vulnerātus: *injured*
[9] venēnum: *poison*
[10] ignāve: *coward*!
[11] vincere: *to conquer*

illā nocte, in nāve cum Agamemnone rēge, erat vir nōmine Ulixēs. Ulixēs erat **callidissimus**[12] Graecōrum.

Agamemnon: "ēheu! Achillēs mortuus est! sine Achille nōs nōn possumus vincere Trōiānōs."

Ulixēs: "fortasse est, rēx Agamemnon . . . sed ego cōnsilium capiō."

---

[12] callidissimus: *cleverest*

CAPITULUM XI

equus ligneus

postrīdiē omnēs Trōiānī ā mūrīs ad nāvēs rapidē currēbant ut vincerent Graecōs. nāvēs Graecōrum, autem, **āfuērunt**[1]. Graecī āfuērunt. nūllae nāvēs **in lītore**[2] erant.

sed ecce! in lītore **equus ligneus maximus**[3] erat. equus ligneus māior quam quattuor nāvēs erat. Trōiānī **mīrātī sunt**[4].

sub equō ligneō erat ūnus Graecus . . .

---

[1] āfuērunt: *they were gone*
[2] in lītore: *on the shore*
[3] equus ligneus maximus: *huge wooden horse*
[4] mīrātī sunt: *they were amazed*

Graecus flēbat.

Priamus, rēx Trōiānōrum, rogāvit Graecum, "quid nōmen tibi est?"

Graecus: "amābō tē! nōlī interficere mē! Graecus sum. sed Graecī volēbant sacrificāre mē ventī causā. ego ergō ā Graecīs fūgī. **heri**[5] Graecī fūgērunt ā Trōiā. ego, autem, in lītore **mānsī**[6]."

deinde miser Graecus coepit flēre.

Priamus: "miser vir. ego tē nōn interficiam. tū nōn iam Graecus es. nunc tū Trōiānus es."

Graecus: "ō rēx! grātiās! grātiās, mī rēx!"

Priamus: "libenter. quid nōmen tibi est?"

Graecus: "nōmen mihi Sinon est."

Priamus: "dīc mihi, Sinon, cūr Graecī equum ligneum fēcērunt? quid est?"

Sinon: "certē, mī rēx. Minerva īrāta erat quia Ulixēs abstulerat statuam ā templō Minervae. ergō Minerva nōn iam adiuvābat Graecōs. sine auxiliō Minervae, Graecī ventum ad nāvigandum nōn habēbant. ergō Agamemnon iussit Graecōs facere magnum equum ligneum. equus ligneus sacrificium est. sacrificium Minervae est."

---

[5] heri: *yesterday*
[6] mānsī: *I remained*

Priamus: "intellegō. grātiās, Sinon. fortasse ego equum ligneum dēlēbō."

Sinon: "minimē! minimē, mī rēx! sī tū equum ligneum dēlēbis, Minerva dēlēbit Trōiam. sed sī tū ferēs equum ligneum **Trōiam**[7], tū eris rēx Trōiānōrum et Graecōrum. Minerva tē adiuvābit."

Priamus dē rē cōgitāvit. Priamus diū dē rē cōgitāvit.

tandem Priamus clāmāvit, "Trōiānī! ferte equum ligneum Trōiam!"

subitō **sacerdōs**[8], nōmine Lāocoōn, clāmāvit, "minimē, mī rēx! nōlī ferre equum ligneum Trōiam!"

Priamus: "quid? cūr nōn?"

Lāocoōn: "nōlī crēdere equō, mī rēx! fortasse multī Graecī in equō ligneō sunt!"

Priamus: "multī Graecī? in equō? rīdiculum est!"

---

[7] Troiam: *into Troy*
[8] sacerdōs: *priest*

Lāocoōn: "**cavē**[9] equum ligneum! cavē, mī rēx! cavē verba Sinōnis! Sinon Graecus est. et timeō Graecōs ferentēs **dōna**[10]."

Lāocoōn hastam mīsit in equum ligneum. hasta Lāocoontis pulsāvit equum ligneum.

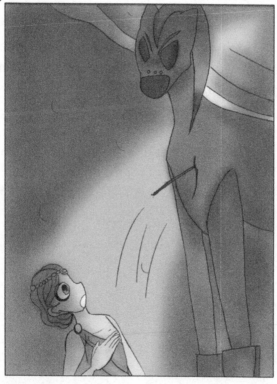

[9] cave: *beware!*
[10] dōna: *gifts*
Note that Vergil's famous line in Aeneid 2.49 *is:* timeō Danaōs et dōna ferentēs. *I have simplified it in the text to make it more comprehensible for the reader.* Danaī *is another term for* Graecī.

statim duo serpentēs magnī ex aquā **serpsērunt**[11]. duo serpentēs ad Lāocoontem serpsērunt. duo serpentēs Lāocoontem interfēcērunt. deinde duo serpentēs in aquam serpsērunt.

Priamus aspexit ad serpentēs interficientēs Lāocoontem.

deinde Priamus clāmāvit, "signum est! signum Minervae est! Sinon **rēctē**[12] dīxit! ferte ligneum equum Trōiam!"

Trōiānī gāvīsī sunt.

Trōiānī clāmābant, "fīnis bellī! fīnis bellī facitur!"omnēs Trōiānī gāvīsī sunt . . .

. . . praeter familiam Lāocoontis.

---

[11] serpsērunt: *they slithered*
[12] rēctē: *correctly*

CAPITULUM XII

Trōia dēlēta est

illā nocte, omnēs Trōiānī dormiēbant.

omnibus Trōiānīs dormientibus, Sinon ad equum ligneum occultē īvit. occulta iānua in equō erat. Sinon aperuit occultam iānuam.

subitō vīgintī Graecī dē equō ligneō **exsiliēbant**[1].

Ulixēs: "grātiās, Sinon! ubi portae Trōiae sunt?"

Sinon: "sequiminī mē!

mox Ulixēs portās Trōiae aperuit. Agamemnon et mīlle Graecī exspectābant Ulixem. statim Graecī currēbant Trōiam.

---

[1] exsiliēbant: *they leaped (out of)*

ubīque[2] Trōiae, Graecī interficiēbant Trōiānōs. ubīque ignis erat. ubīque ignis cōnsūmēbat Trōiam.

Graecīs audītis, Priamus atque Paris atque Helena ad āram Iovis currēbant.

---

[2] ubīque: *everywhere*

Priamus: "pater Iuppiter! amābō tē! adiuvā nōs!"

in Monte Olympō, Iūnō dīxit Iovī: "marīte mī, nōlī adiuvāre Trōiānōs. ego volō Graecōs dēlēre Trōiam. amābō tē, marīte mī! nōlī adiuvāre Priamum et Trōiānōs!"

Iuppiter uxōrem audīvit . . . et nōn audīvit Priamum.

Priamus: "pater Iuppiter! audī mē! adiuvā mē et Trōiam!"

silentium erat. longum silentium erat. Iuppiter nōn respondit Priamō.

subitō iānua templī aperta est. Menelāus et fīlius Achillis templum intrābant.

Priamus coepit clāmāre, "amābō tē, nōlī interfic . . . "

sed fīlius Achillis iēcit Priamum in āram. deinde fīlius Achillis interfēcit Priamum in ārā.

Menelāus, vidēns Paridem et Helenam, īrā captus est. Paris, sine hastā et gladiō, rapidē interfectus est ā Menelāō.

Menelāus: "hahahae! Paris mortuus est! iam, Helena, uxor mala, ego interficiam tē!"

cum Menelāus ad Helenam aspexit, autem, pulchritūdine Helenae captus est. Menelāus, ergō, dūxit Helenam ad nāvēs.

diū Graecī interficiēbant aut capiēbant omnēs Trōiānōs. diū ignis cōnsūmēbat Trōiam.

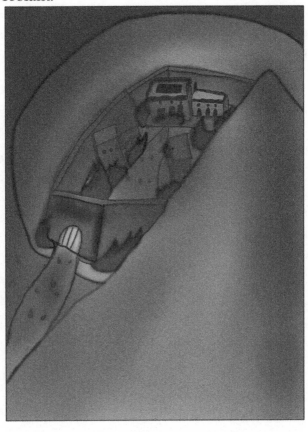

māne[3] omnēs Trōiānī mortuī aut servī erant. Agamemnon vīcerat Priamum. Graecī vīcerant Trōiānōs. Trōiānī vīctī erant. Trōia dēlēta erat. decem annīs post, fīnis bellī factus est.

---

[3] māne: *in the morning*

EPILOGUS

Aenēās

ecce
Aenēās!

Aenēās callidissimus Trōiānōrum erat.

cum Ulixēs, callidissimus Graecōrum, aperiēbat portās Trōiae, **umbra**[1] Hectoris appāruit **Aenēae**[2].

umbra Hectoris: "Aenēā! nōlī dormīre! sūrge!"

---

[1] umbra: *ghost*
[2] Aenēae: *to Aeneas*

Aenēās: "Hector!?!?"

umbra Hectoris: "Aenēā! multī Graecī sunt Trōiae! mox Trōia dēlēbitur ā Graecīs."

Aenēās: "ēheu! necesse est mihi pūgnāre contrā Graecōs!"

umbra Hectoris: "minimē Aenēā, fīlī Veneris! abī rapidē Trōiā!

Aenēās: "quō?"

umbra Hectoris: "deī tē **dūcent**[3]. necesse est tibi invenīre **novam patriam**[4], nōmine Rōmam."

---

[3] dūcent: *they will lead*
[4] novam patriam: *a new homeland*

statim Aenēās ab umbrā Hectoris et Trōiā rapidē fūgit . . .

Index Vocabulorum

A

ā/ab: *from*
abest: *is gone*
abstulerat: *s/he had stolen*
abstulit: *s/he stole*
abī: *leave!*
āctum est: *happened*
ad: *to/at*
addidērunt: *they increased*
adiuvā: *help!*
adiuvābant: *they were helping*
adiuvābat: *s/he was helping*
adiuvābit: *s/he will help*
adiuvāre: *to help*
adiūvit: *s/he helped*
āfuērunt: *they were gone*
agnīs: *with sheep*
agnōs: *sheep*
aliōs: *other*
aliquis: *someone*
alterō: *second*
amābat: *s/he was loving*
amābō tē: *please*
amāre: *to love*
amāsne: *you love?*
amīce: *friend*
amicus: *friend*
amō: *I love*
amōre: *by love*
amōris: *of love*
animum: *soul*
annīs: *years*
annō: *year*

annōs: *years*
antequam: *before*
ānxiē: *anxiously*
ānxius: *anxious*
aperiēbat: *s/he was opening*
aperta est: *it was opened*
aperuit: *s/he opened*
appāruērunt: *they opened*
appāruit: *s/he opened*
aqua: *water*
aquā: *from water*
aquam: *water*
ārā: *altar*
āram: *altar*
artēs: *arts*
aspexērunt: *they looked*
aspexit: *s/he looked*
aspiciēbant: *s/he was looking*
atque: *and*
audī: *hear!*
audiēns: *hearing*
audītis: *having been heard*
audīvit: *s/he heard*
aut: *or*
autem: *however*
auxiliō: *assistance*

B

bellī: *of war*
bellum: *war*
bene dictum: *well said*

C

caelō: *from the sky*
calcem: *ankle*
callidissimus: *cleverest*
calx: *ankle*
canēs: *dogs*
canibus: *to the dogs*
capiēbant: *they were capturing*
capiō: *I capture*
capta est: *s/he was captured*
captī sunt: *they were captured*
captus est: *s/he was captured*
cārissime: *dearly loved*
causā: *for (the cause of)*
cave: *beware!*
cecidit: *it fell*
cēpit: *s/he captured*
certē: *certainly! yes!*
cervum: *deer*
cervus: *deer*
cibī: *of food*
cibum: *food*
circum: *around*
clāmābant: *they were shouting*
clāmāre: *to shout*
clāmāvērunt: *they shouted*
clāmāvit: *s/he shouted*
coepērunt: *they began*
coepit: *s/he began*
coeptum: *it was begun*
cōgitabat: *s/he was thinking*
cōgitāvit: *s/he thought*
comedent: *they will eat*
comedere: *to eat*
cōnfūsa: *confused*

cōnfūsum: *confused*
cōnfūsus: *confused*
cōnsīde: *sit!*
cōnsilium: *plan/idea*
cōnsūmēbat: *it was consuming*
contrā: *against*
convīviō: *party*
convīvium: *party*
corpora: *bodies*
corpore: *body*
corpus: *body*
cotīdiē: *daily; everyday*
crēdere: *to believe*
cucurrit: *s/he ran*
cum: *with; when*
cūr: *why*
currēbant: *they were running*
currēbat: *s/he was running*
currentēs: *running*
currū: *chariot*
currum: *chariot*

D

dā: *give!*
dabat: *s/he was giving*
dabis: *you will give*
dabō: *I will give*
daret: *s/he might give*
dē: *from; down from*
dea: *goddess*
deae: *goddesses*
deam: *goddess*
deās: *goddesses*
decem: *ten*
decimō: *tenth*
dēdit: *s/he gave*

deī: *gods*
deinde: *then; next*
dēlē: *destroy!*
dēlēbis: *you will destroy*
dēlēbit: *s/he will destroy*
dēlēbitur: *it will be destroyed*
dēlēbō: *I will destroy*
dēlēre: *to destroy*
dēlēta est: *it was destroyed*
dēlēta est: *it had been destroyed*
deōrum: *of the gods*
deōs: *gods*
dērīdēbant: *they were laughing at*
dērīsit: *s/he laughed at*
dēscendēbant: *they descended*
dēscendentem: *descending*
dēsinite: *stop!*
deus: *god*
dī immortālēs: *immortal gods!*
dīc: *speak!*
diē: *day*
diēs: *days*
difficile: *difficult*
dīrēxit: *s/he guided*
diū: *for a long time*
dīxit: *s/he said*
dōna: *gifts*
dormiēbant: *they were sleeping*
dormiēbat: *s/he was sleeping*
dormientibus: *with (___) sleeping*
dormīre: *to sleep*

duae: *two*
dūcent: *they will lead*
dum: *while*
duo: *two*
dūxit: *s/he led*

E
ecce: *behold! look!*
ego: *I*
ēheu: *oh no!*
equō: *horse*
equum: *horse*
equus: *horse*
eram: *I was*
erant: *they were*
erat: *s/he was*
ergō: *therefore*
eris: *you will be*
es: *you are*
esne: *are you?*
est: *s/he is*
estis: *you (pl.) are*
et: *and*
etiam: *also*
eugē: *hooray!*
eum: *him*
ex: *out of*
exīvit: *s/he went out of*
exsiliēbant: *they were leaping*
exspectā: *wait!*
exspectābant: *they were waiting (for)*
exspectābat: *s/he was waiting (for)*
extrā: *outside*

F

facere: *to make*
faciāmus: *let's make*
faciēs: *you will make*
facitur: *it was made*
faciunt: *they make*
factus: *it was made*
familiam: *family*
fēcērunt: *they made*
fēmina: *woman*
fēminae: *to/for the woman*
fēminam: *woman*
feram: *I will carry*
ferēns: *carrying*
ferentēs: *carrying*
ferēs: *you will carry/bring*
ferre: *to carry/bring*
ferte: *carry! bring!*
fīlī: *son*
fīlia: *daughter*
fīliam: *daughter*
fīlius: *son*
fīnis: *end*
fīxērunt: *they pierced*
fīxit: *it pierced*
fīxum est: *it was pierced*
flābat: *it was blowing*
flābit: *it will blow*
flāvit: *it blew*
flēbat: *s/he was weeping*
flēre: *to weep*
flēs: *you weep*
flūmen: *river*
flūminī: *to/for the river*
flūminis: *of the river*
foedera: *pacts*
foedus: *fact*
fortasse: *perhaps; maybe*

fortior quam: *stronger than*
fortissimum: *strongest*
fortissimus: *strongest*
fortiter: *bravely*
frāngī: *to be broken*
frāter: *brother*
frātrēs: *brothers*
fugere: *to flee*
fūgērunt: *they flee*
fūgī: *I fled*
fugiēbant: *they fled*
fugis: *you flee*
fūgit: *s/he flees*
fugite: *flee!*
fuit: *s/he was*

G

galea: *helmet*
galeam: *helmet*
gaudēbat: *s/he was rejoicing/happy*
gāvīsa est: *she rejoiced; she was happy*
gāvīsī sunt: *they rejoiced/were happy*
gāvīsus est: *he rejoiced; he was happy*
gerāmus: *let's wage*
gerere: *to wage*
gereret: *s/he wages*
gladiō: *sword*
gladium: *sword*
gladius: *sword*
grātiās: *thanks*

H

habēbant: *they had; they were having*

habēbat: *s/he had; s/he was having*
habeō: *I have*
habuit: *s/he had*
hāc: *on this*
hasta: *spear*
hastā: *with a spear; spear*
hastam: *spear*
heri: *yesterday*
hērōa: *hero*
hērōs: *hero*
hodiē: *today*
hominēs: *people; humans*
hōrā: *hour*

I

iam: *now*
iamiam: *right now*
iānua: *door*
iānuam: *door*
iēcit: *s/he throws*
ignāve: *coward!*
ignis: *fire*
ignōscite mihi: *I'm sorry*
illā: *on that*
immortālēs: *immortal*
immortālis: *immortal*
in: *in; on*
īnfantēs: *babies*
īnfernō: *underwold*
īnfernum: *underworld*
īnsānus: *insane*
intellegō: *I understand*
inter: *between*
interfēceram: *I have killed*
interfēcerat: *s/he had killed*
interfēcērunt: *they killed*
interfēcī: *I killed*

interfēcistī: *you killed*
interfēcit: *s/he killed*
interfectī sunt: *they were killed*
interfectus est: *he/she/it was killed*
interficere: *to kill*
interficeret: *s/he might kill*
interficiam: *I will kill; I should kill*
interficiās: *you should kill*
interficiēbant: *they were killing*
interficiēmus: *we will kill*
interficientēs: *killing*
intrābant: *they were entering*
invenīre: *to find*
invenīrent: *they might find*
invēnit: *s/he found*
invītāvit: *s/he invited*
iō: *hurrah!*
īra: *anger*
īrā: *by anger*
īrāta: *angry*
īrātae: *angry*
īrātior: *angrier*
īrātissimus: *very angry*
īrātus: *angry*
ita: *so*
iterum: *again*
iūdicā: *judge!*
iūdicāre: *to judge*
iūdicāret: *s/he had judged*
iussit: *he ordered*
īvērunt: *they went*
īvit: *s/he went*

L

leōnēs: *lions*
libenter: *you're welcome*
ligneō: *wooden*
ligneum: *wooden*
ligneus: *wooden*
lītore: *shore; beach*
longō: *long*
longum: *long*
lupī: *wolves*

M

magica: *magic*
magicum: magic
magna: *large; great*
magnae: *large; great*
magnī: *large; great*
magnō: *large; great*
magnōs: *large; great*
magnum: *large; great*
māior quam: *greater than; larger than*
mala: *bad; wicked*
malī: *bad; wicked*
mālō: *apple*
mālum: *apple*
malus: *apple*
māne: *in the morning*
manifēstum est: *clearly; obviously*
mānsī: *I remained*
marīte: *husband*
marītum: *husband*
māter: *mother*
mātre: *mother*
mātrem: *mother*
maximus: *huge*
mē: *me*

mea: *my*
meā: *my*
meam: *my*
mēcum: *with me*
mediō: *middle*
meō: *my*
mersit: *s/he dipped*
meum: *my*
meus: *my*
mī: *my*
mihi: *to/for me*
mīlle: *one thousand*
minimē: *no*
mīrātī sunt: *they were amazed*
miser: *poor; wretched*
mīsit: *s/he sent; s/he shot; s/he threw*
mitte: *send! throw!*
mittere: *to send; to shoot; to throw*
mōnstrum: *monster*
mortālis: *mortal*
mortua: *dead*
mortuī: *dead*
mortuum: *dead*
mortuus: *dead*
movēbant: *they were moving*
mōvit: *s/he moved*
mox: *soon*
multae: *many*
multī: *many*
multīs: *many*
multōs: *many*
multum: *very; very much; greatly*
mūrīs: *walls*

mūrōs: *walls*
mūtāvit: *s/he changed*

N
nāve: *ship*
nāvem: *ship*
nāvēs: *ships*
nāvibus: *from the ships*
nāvigandum: *sailing*
nāvigārent: *they sail*
nāvigāte: *sail!*
nāvigāvit: *s/he sailed*
nē: *that; lest*
necesse: *necessary*
nēmō: *no one*
nictāvit: *s/he winked*
nihil: *nothing*
nisi: *unless; if not*
nōbīs: *to us*
nocte: *at night*
nōlēbat: *s/he was not
    wanting; s/he didn't
    want*
nōlī: *don't!*
nōluit: *s/he didn't want*
nōmen: *nomen*
nōmine: *by name*
nōn: *not*
nōnne: *not (expects the
    person to agree)*
nōs: *we; us*
novam: *new*
novem: *nine*
nūlla: *no; none*
nūllae: *no; none*
nūllus: *no; none*
nunc: *now*

O
occulta: *secret; hidden*
occultam: *hidden*
occultē: *secretly*
ōderant: *they hated*
ōdērunt: *they hate*
ōdī: *I hate*
ōdissent: *they would have
    hated*
omnēs: *all*
omnibus: *with all; while all*
omnium: *of all*
orbe terrārum: *earth*
orbem terrārum: *earth*
ōscula: *kisses*
ostendam: *I will show*

P
parāvit: *s/he prepared*
parvā: *small*
parvam: *small*
parvōs: *small*
pater: *father*
patrī: *to a/the father*
patriam: *homeland;
    fatherland*
portae: *gates*
portās: *gates*
portīs: *gates*
possum: *I can; I am able to*
possumus: *we can; we are
    able to*
postrīdiē: *the next day*
poterat: *s/he could; s/he was
    able to*
potest: *s/he can; s/he is able
    to*

potuit: *s/he could; s/he was able to*

praeter: *except*

prīmō: *on the first*

prīmum: *first*

prope: *near*

puer: *boy*

puerī: *of the boy*

puerum: *boy*

pūgnā: *fight!*

pūgnābant: *they were fighting*

pūgnābō: *I will fight*

pūgnāre: *to fight*

pūgnātē: *fight!*

pūgnāvit: *s/he fought*

pulcherrima: *most beautiful*

pulcherrimae: *most beautiful*

pulcherrimam: *most beautiful*

pulchrae: *beautiful*

pulchram: *beautiful*

pulchritūdine: *by beauty*

pulchritūdinis: *of beauty*

pulsāvērunt: *they hit*

pulsāvit: *s/he hit*

pūnī: *punish!*

pūniam: *I will punish*

Q

quattuor: *four*

quia: *because*

quid: *what*

quīdam: *a certain*

quis: *who*

quō: *(to) where...?*

quod: *which*

quōmodo: *how*

quoque: *also*

R

rapidē: *quickly*

rē: *matter; thing*

rēctē: *in a straight line; correctly*

reddam: *I should return; I will return*

reddās: *you should return; you will return*

redde: *return!*

reddēs: *you will return*

reddidit: *s/he returned*

reddō: *I return; I am returning*

rēge: *king*

rēgīna: *queen*

rēgis: *of the king*

rēgna: *kingdoms*

rem: *matter; thing*

remōvit: *s/he removed*

respondit: *s/he responded*

respōnsum: *response*

rēx: *king*

rīdēbat: *s/he was laughing*

rīdiculum: *ridiculous*

rogāvērunt: *they asked*

rogāvit: *s/he asked*

S

sacerdōs: *priest*

sacrificāre: *to sacrifice*

sacrificium: *sacrifice*

sagitta: *arrow*

sagittā: *arrow*

sagittae: *arrows*

sagittam: *arrow*
sagittāriī: *archers*
sagittāriōs: *archers*
sagittās: *arrows*
sagittīs: *by arrows*
salvē: *hello*
sapientiam: *wisdom*
scrīptum est: *was written*
scūtum: *shield*
sē: *herself; himself*
secūtus est: *s/he followed*
sed: *but*
sequiminī: *follow!*
serpentēs: *serpents*
serpsērunt: *slithered*
servī: *slaves*
sī: *if*
sibi: *to himself*
sīcut: *as; like*
signum: *sign*
silentium: *silence*
silvā: *forest; wood*
silvam: *forest; wood*
sine: *without*
sōlum: *only; alone*
sōlus: *alone*
somniō: *dream*
somnium: *dream*
sonum: *sound; noise*
stābant: *they were standing*
stantēs: *standing*
statim: *immediately; at once*
statuam: *statue*
stultī: *foolish; stupid*
stultus: *foolish; stupid*
suam: *her/his (own)*
sub: *under*
subitō: *suddenly*

sum: *I am*
sūmpsit: *s/he picked up*
sunt: *they are*
super: *on; upon*
sūrge: *rise*
suum: *her/his (own)*

T

tandem: *finally; at last*
tantum: *only*
tē: *you*
tēcum: *with you*
templī: *of the temple*
templō: *temple*
templum: *temple*
tempore: *time*
tenēns: *holding*
ter: *three times*
terram: *land*
tertiō: *third*
tetigit: *touched*
tibi: *to/for you*
timēbant: *they were afraid*
timeō: *I fear*
timōre: *by fear*
timuit: *s/he was afraid*
tōtō: *entire; whole*
tōtum: *entire; whole*
trāxit: *s/he dragged*
trēs: *three*
tū: *you*
tua: *your*
tuam: *your*
tuum: *your*
tuus: *your*

U

ubi: *where*

ubīque: *everywhere*
umbra: *ghost*
umbrā: *from the ghost*
ūnā: *one*
ūnam: *one*
ūnus: *one*
ut: *so that; in order to; as*
uxor: *wife*
uxōrem: *wife*
uxōrēs: *wives*

V

vae: *woe*
valē: *goodbye*
vehementer: *violently*
vēnātōrum: *of hunters*
venēnum: *poison*
ventī: *of wind*
ventum: *wind*
ventus: *wind*
verba: *words*
verbīs: *words*
verbum: *word*
vēritātem: *truth*
vertit: *s/he turned*
vestra: *your (pl.)*
vestrās: *your (pl.)*
vestrōs: *your (pl.)*
vīcerant: *they had conquered*
vīcerat: *s/he had conquered*
vīctī erant: *they had been conquered*
vidēmus: *we see*
vidēns: *seeing*
videō: *I see*
vidērent: *they might see*
vidēret: *s/he might see*
vīdērunt: *they saw*

vidēte: *see! look!*
vīdit: *s/he saw*
vīgintī: *twenty*
vincēmus: *we will conquer*
vincere: *to conquer*
vincerent: *they might conquer*
vir: *man*
virōs: *men*
virum: *man*
vīs: *you want*
vocāvistī: *you called*
vocāvit: *s/he called*
volāvit: *s/he flew*
volēbam: *I was wanting*
volēbant: *they were wanting*
volēbat: *s/he was wanting*
volō: *I want*
voluerat: *s/he had been wanting*
vōs: *you (pl.)*
vulnerātus: *injured*

FAMILIA MALA:
SATURNUS ET IUPPITER
Level: Beginner

They're the original dysfunctional family!
Rivalry! Jealousy! Poison! Betrayal! Gods!
Titans! Cyclopes! Monsters! Magical Goats!

Read all about the trials and tribulations of
Greek mythology's original royal family!
Suitable for all novice Latin readers.

DUO FRATRES:
FAMILIA MALA VOL. 2
Level: Beginner

Sibling Rivalry! Jealously! Theft! Fire! War!
Robots! Volcanos! Man-Eating Vultures!
. . . And the world's first brain surgery!
After the great war between the Titans and the
gods, Titan brothers Prometheus and
Epimetheus engaged in a dangerous game of
sibling rivalry that escalates into betrayal, theft,
and the punishment of the gods in this sequel
to *Familia Mala: Saturnus et Iuppiter*.

PANDORA
FAMILIA MALA VOL. 3
Level: Beginner

Jealousy! Treachery! Mysteries! Love
Triangles! Pigs! Weddings! Magic
Potions! Volcanos! Evil Spirits!
Mechanical Frogs! And more!

Those crazy Olympians weak havoc in
heaven and earth in this action-packed
third installment of the *Familia Mala*
series based on the ancient myth of
Pandora.

FILIA REGIS ET MONSTRUM HORRIBILE
Level: Beginner/Intermediate

Originally told by the Roman author Apuleius, this adaptation of the myth of Psyche is an exciting fantasy adventure, full of twists, secrets, and magic. The reader will also find many surprising connections to popular modern fairy tales, such as "Cinderella," "Snow White," and "Beauty and the Beast"

LABYRINTHUS
Level: Beginner
Unique Word Count: 125 (40 cognates)

Princess Ariadna's family is . . . well . . . complicated. Her father Minos, king of Crete, ignores her. Her mother is insane. Her half-brother is a literal monster—the Minotaur who lives deep within the twisting paths of the Labyrinth. When a handsome stranger arrives on the island, Ariadna is faced with the ultimate choice: should she stay on the island of Crete, or should she abandon her family and her old life for a chance at escape . . . and love? This novella is adapted from Ovid's *Metamorphoses* and Catullus' "Carmen 64," and is suitable for all novice readers of Latin.

EGO, POLYPHEMUS
Level: Beginner

Polyphemus the Cyclops' life is pretty simple: he looks after his sheep, hangs out in his cave, writes (horrible) poetry, eats his cheese . . . until one day a ship arrives on his peaceful island, bringing with it invaders and turning his peaceful world upside down.

Based on the works of the Vergil and Ovid, this novella is suitable for all beginning readers of Latin.

For more comprehensible Latin novellas
for novice and intermediate readers, visit
<ins>www.simplicianuspress.com</ins>!

Fabulae Epicae
      Vol. 1: Bellum Troianum
      Vol. 2: Errores Longi Ulixis, Pars I
      Vol. 3: Errores Longi Ulixis, Pars II